# REGLEMENS

## DU FEU ROY LOUIS XIII.

### SUR LA

## CONVOCATION

## DU BAN ET ARRIERE-BAN,

Ordonnez estre faits és années 1635.
& 1639.

# A VERSAILLES,

Chez FRANÇOIS MUGUET, premier & seul Imprimeur
du Roy pour le fait de la Guerre.

## MDCLXXXXIX.

*Par commandement exprés de sa Majesté.*

# REGLEMENT
## SUR LA CONVOCATION
### du Ban & Arriere-Ban.

*Du trentiéme Juillet 1635.*

## DE PAR LE ROY.

A Majesté voulant à l'imitation des Roys ses Predecesseurs, apporter un bon ordre sur le fait du Ban & Arriere-Ban, qu'Elle a resolu pour le bien de son service estre convoqué dans son Royaume, & prevenir les difficultez que le temps pourroit y avoir fait naistre, a fait & ordonné le Reglement qui ensuit.

### PREMIEREMENT.

Que les Lettres pour la convocation du Ban & Arriere-Ban seront addressées aux Sieges principaux des Bailliages & Sénéchaussées, faisant défenses aux Inferieurs de faire convocation, s'il ne leur est mandé; & au cas qu'il leur fust mandé pour la distance du Siege principal, seront tenus

la premiere Montre faite, & les Rôlles dreffez, les envoyer
au Siege principal par le Greffier, ou autre, qui aura pour
fon voyage foixante fols par jour, fans que les Officiers de
Robbe-Longue puiffent pretendre aucune chofe pour leur
falaire.

## I I.

Les Baillifs & Senefchaux aprés les Lettres receuës pour
la convocation du Ban & Arriere - Ban , en feront faire la
publication en toute l'étenduë de leur Reffort, avec commandement aux Nobles , & autres tenans Fiefs, de fe trouver au jour qui leur fera ordonné , & au lieu principal de
chacun Bailliage & Sénefchauffée de leur Reffort ; auquel
jour & lieu lefdits Nobles , & autres tenans Fiefs, compa-
roiftront en équipage requis, fur peine de confifcation de
leurs Fiefs, & d'eftre privez à jamais de porter armes, finon qu'ils euffent excufes legitimes : auquel cas ils feront
tenus envoyer homme pour les reprefenter, qui leur fera
entendre à fon retour ce qui aura efté ordonné en la premiere convocation , afin qu'il y foit par eux pourveu ; Et
attendant que la Declaration judiciaire de la confifcation
des Fiefs foit faite , veut fadite Majefté eftre procedé à la
faifie d'içeux , & fes Receveurs plus proches des lieux y
eftre établis Commiffaires ; défendant à tous Juges, à peine de privation de leurs Charges, d'en faire aucune main-
levée , qu'en vertu de fes Lettres Patentes commandées
par fa Majefté.

## III.

Les Gentils-Hommes & autres tenans Fiefs qui ne feront en eftat de porter armes, & de faire le fervice en perfonne, envoyeront en leurs lieux & places, gens experimentez, & en l'équipage qu'eux-mefmes font tenus de fournir , lefquels ils feront tenus de foldoyer durant le fervice
dudit Ban & Arriere-Ban, & de leur aller & retour à rai-
fon du fervice qu'ils doivent, eu égard à la valeur de leurs
Fiefs ; Et où ceux qui feront prefentez ne feront capables
& en équipage requis, défend fa Majefté à fes Commiffaires

res & Contrôlleurs qui en feront les montres & reveuës, de les recevoir & paſſer : & en feront mis d'autres en leurs places par les Baillifs & Seneſchaux qui les prendront dans l'étenduë de leur Reſſort.

## I V.

La premiere Montre dudit Ban & Arriere - Ban ſe fera au Siege principal de chacun Bailliage & Seneſchauſſée, par deux Gentils - Hommes des plus experimentez aux armes, leſquels ſeront choiſis par le Baillif ou Seneſchal, du nombre des trois qui leurs ſeront preſentez par les Gentils - Hommes de chacun deſdits Bailliages & Seneſchauſſées.

## V.

Les Officiers de longüe Robbe, qui ont accoûtumé d'aſſiſter aux Montres, ſeront tenus toutes affaires ceſſantes, ſe trouver aux premieres, ſur péine de privation de leurs Charges ; & feront dreſſer un Rôlle par leur Greffier, ſigné des Baillifs, Seneſchaux, Capitaines, Commiſſaires, Contrôlleurs, & des Avocats & Procureurs du Roy, qui y auront aſſiſté ; ſur lequel Rôlle ſe fera la ſeconde Montre pour aller & marcher au ſervice ; & contiendra ledit Rôlle le nombre au vray des hommes qui ſe feront trouvez en la Montre, tant de ceux qui feront le ſervice en perſonne, que des autres qui ſeront mis au lieu des inhabiles, exempts & défaillans, avec les lieux de leurs demeures, les noms des Fiefs pour leſquels ils doivent le ſervice ; le nombre & le nom des Fiefs qui auront eſté ſaiſis, & les ſommes de deniers qui auront eſté receuës des Roturiers, & autres ayant rentes infeodées, duquel Rôlle ſera fait un extrait au vray, qui ſera incontinent envoyé à ſa Majeſté, pour luy certifier des forces & de l'état dudit Ban & Arriere-Ban.

## V I.

Les Gentils - hommes qui auront Fiefs en divers Bailliages, ſerviront en celuy de leur principale demeure, en tel & ſi bon équipage qu'ils ſont tenus, eu égard à la valeur de tous leurſdits Fiefs ; & où ils ne feront perſonnellement leur ſervice, contribuëront en tous les Bailliages où tous leurſdits Fiefs ſeront aſſis ; & quant aux Roturiers, encore qu'ils ſervent en perſonne, ne jouiront de la meſme grace, mais contribuëront en tous les Bailliages où ils auront Fiefs.

## V I I.

Et ſi ceux qui auront eſté enrôllez és Rôlles des premieres convocations, approchant le temps du ſervice, mettent d'autres en leurs places qui répondent à la premiere Montre par ſuppoſition de nom ; Veut & entend ſa Majeſté que ceux qui ſe trouveront ainſi répondans ſous le nom d'autruy, ſoient pendus & étranglez ; & celuy ou ceux qui les auront preſentez dégradez des Armes, & les biens confiſquez.

## V I I I.

Le ſervice du Ban & Arriere-Ban ſe fera en une ſeule forme, qui eſt de Cheval-Leger ; & ceux qui auront en Fief neuf cens ou mille livres de revenu annuel, feront un Cheval-Leger en l'équipage requis, & de plus, plus, & de moins, moins, en aſſemblant les Fiefs deſdits Bailliages, tant qu'ils ſoient ſuffiſans pour l'équipage & ſolde d'un Cheval-Leger.

## I X.

Le temps du ſervice du Ban & Arriere-Ban ſera de trois mois dans le Royaume, & de quarante jours hors d'iceluy, qui commenceront à courir du jour de leur arrivée, au lieu où ils ſeront mandez de ſe trouver ; Et dés-lors qu'ils commenceront à marcher, payeront raiſonnablement & de gré à gré, les vivres & autres choſes neceſſaires qu'ils prendront pendant le temps tant de leur ſejour, que de l'allée & du retour, & obeïront à leurs Chefs ſans les abandonner, ſur peine de punition corporelle, & de confiſcation de leurs Fiefs.

## X.

L'eſtimation du revenu des Fiefs ſe fera ſuivant les Declarations cy-devant baillées par les gens tenans leſdits Fiefs; Et quant à ceux qui n'auront encore fourny leurs Declarations, y ſeront contraints par ſaiſie de leurs Fiefs : Et cependant par forme de proviſion, ſeront taxez par les Baillifs & Seneſchaux, & leurs Fiefs eſtimez ſuivant la connoiſſance qu'ils en pourront avoir, & ce nonobſtant oppoſitions ou appellations quelconques : & au cas que leſdites Declarations qui auront eſté ou ſeront preſentées ſoient defectueuſes; Veut ſadite Majeſté qu'il ſoit procedé contre ceux qui les auront données par confiſcation de leurs Fiefs.

## X I.

Chaque Compagnie dudit Ban & Arriere-Ban, ſera compoſée de cent Maiſtres, ſi le Bailliage le peut porter : Et au cas qu'il ne s'y trouvaſt que le nombre ſuffiſant pour compoſer une Compagnie, elle ſera conduite par le Baillif : & ſi le nombre ſuffit pour en compoſer deux ou pluſieurs autres, ledit Baillif aura le choix de l'une d'icelles, & les autres ſeront conduites par un Capitaine & Mareſchal des Logis, leſquels ſeront nommez par les Gentils-hommes du Bailliage : Et s'il y avoit des Bailliages de ſi petite étenduë, qu'ils ne puiſſent fournir une Compagnie complette; Veut ſadite Majeſté qu'en ce cas deux ou trois des plus prochains ſoient aſſemblez tant qu'ils puiſſent ſuffire à faire ladite Compagnie, laquelle ſera menée & conduite par celuy des Baillifs ou Seneſchaux, qui ſera pour ce commis par les Gouverneurs, ou par ſa Majeſté, s'il n'y a Gouverneurs; Voulant ſadite Majeſté que celuy qui ſera ordonné en la place deſdits Baillifs & Seneſchaux, qui ne ſeront au ſervice, prenne leurs gages pour le temps qu'il conduira ledit Ban & Arriere-Ban.

## X I I.

Les gens du Ban & Arriere-Ban seront commandez par les Baillifs & Seneschaux, chacun en leur Bailliage & Seneschauffée, pourvû qu'ils soient de la qualité requise, sinon en sera choisi par le Gouverneur de la Province, entre les Gentils-hommes desdits Bailliages; & où il n'y aura Gouverneurs, seront commis & ordonnez par sa Majesté par Lettres patentes; Celuy qui sera commis prendra par les mains des Receveurs les gages & appointemens du Baillif, au lieu duquel il servira, pendant le temps qu'il conduira ledit Ban & Arriere-Ban: Voulant sa Majesté que les quittances qui seront ainsi par eux baillées, soient passées & alloüées aux comptes desdits Receveurs.

## X I I I.

Ceux qui auront rentes infeodées sur les Fiefs, contribuëront à proportion du quart du revenu desdites rentes, au service du Ban & Arriere-Ban, avec les Proprietaires & Seigneurs desdits Fiefs.

## X I V.

Les deniers qui seront fournis par les Roturiers & Inhabiles, & qui proviendront de la saisie des Fiefs, faute de servir audit Ban & Arriere-Ban, seront receus dans chacun Bailliage & Seneschauffée par un Gentil-homme, qui sera choisi par les autres, lequel pourra avoir un homme sous luy pour le maniement desdits deniers, duquel il demeurera responsable; & où il y auroit plusieurs Bailliages & Seneschauffées pour faire une Compagnie complette, il n'y aura qu'un Receveur pour tous lesdits Bailliages; Et au refus desdits Gentils-hommes, de nommer une personne pour le maniement desdits deniers, sera par ledit Baillif ou Seneschal choisi quelqu'un resceant & capable pour faire ledit maniement, dont ils prendront bonne & suffisante caution,

tion, & seront tenus lesdits Receveurs, ainsi commis en chacun desdits Bailliages, se trouver és lieux où seront les Compagnies desdits Bailliages, au jour que les payemens des Montres écherront, sur peine de punition corporelle; Et rendront compte lesdits Receveurs à leur retour, par-devant les Baillifs & Seneschaux, appellez les Avocat & Procureur de sa Majesté; Et pourront, si bon leur semble, les Gouverneurs des Provinces, chacun dans son gouvernement, commettre quelques-uns avec lesdits Baillifs & Seneschaux, tels qu'ils aviseront pour l'audition desdits comptes, sur lequel compte lesdits Receveurs seront tenus rapporter les Rôlles des Montres dûëment signez par les Commissaires & Contrôlleurs, contenans les noms & surnoms de ceux qui auront servy en personne, & de ceux qui auront servy pour autruy; Pourront aussi ceux qui auront contribué & fourny lesdits deniers, députer de leur part telles personnes que bon leur semblera, pour assister ausdits comptes, & les deniers restans (si aucuns y a) seront rendus aux contribuables au sol la livre, à proportion de la somme qu'ils auront fournie; Et pour le salaire desdits comptables, sera fait taxe par le Baillif, Seneschal, & celuy qui sera commis à l'audition du compte, à raison de douze deniers pour livre de son maniement, tant pour ses gages, recouvrement, port, & voiture de deniers, façon & reddition de compte, que pour autres frais quelconques.

## X V.

Sa Majesté veut & entend que les Officiers Domestiques & Commenseaux de sa Maison, soient exempts du Ban & Arriere-Ban; ceux de la Maison de la Reyne; de celle de Monsieur le Duc d'Orleans son Frere; de celle de Monseigneur le Prince de Condé. Comme aussi seront exempts les Capitaines & hommes d'armes des Compagnies de ses Ordonnances & Chevaux-Legers, & autres Officiers qui auront charge tant de gens de cheval, que de pied, servans actuellement: Tous lesquels seront exempts du service &

C

contribution audit Ban & Arriere-Ban , en faifant apparoir à ceux qui en feront les montres & reveuës , à fçavoir pour les Officiers & Commenfeaux des Maifons fufdites, la certification·des Treforiers d'icelles , comme ils y font couchez & employez , & fervent actuellement , & payez de leurs gages. Et quant aufdits Capitaines , Hommes d'armes des Compagnies d'Ordonnance , & de Chevaux-Legers, & Officiers de gens de pied , feront tenus de rapporter dans le temps qui leur fera prefix en la premiere convocation, certification des Commiffaires & Contrôlleurs ordinaires des Guerres qui auront fait la derniere Montre, comme ils ont efté employez és Rôlles d'icelle, faits pour ladite Compagnie ; affirmant qu'ils n'ont depuis efté caffez, & font encore obligez au fervice ; défendant tres-expreffément fadite Majefté aufdits Officiers, fur peine de confifcations de corps & de biens, de bailler certification, finon aux cas fufdits.

## XVI.

Et dautant que fa Majefté a eu avis qu'il y a dans fon Royaume bon nombre de perfonnes faifans profeffion des armes, & vivans noblement, qui ne poffedent aucuns Fiefs, mais ont d'autres biens, foit en roture ou rentes conftituées ; Veut & entend qu'ils foient obligez & contraints, par les peines portées cy-deffus , de rendre le fervice du Ban & Arriere-Ban en perfonne, & en équipage requis, s'ils en font capables , finon de prefenter pour eux un homme qu'ils feront obligez d'entretenir durant le temps du Ban & Arriere-Ban, au mefme équipage qu'ils feront obligez de fervir.

## XVII.

Ceux qui viendront avèc les Gouverneurs pour fervir au lieu qui fera ordonné en l'équipage requis , & pendant le temps porté par l'Ordonnance , feront cenfez avoir fatisfait au devoir du Ban & Arriere-Ban, & difpenfez des peines portées par les Ordonnances contre les défaillans, en rapportans attestation valable, signée des Gouverneurs, du service par eux rendu.

## XVIII.

Les Juges Presidiaux, & non autres, connoistront des procés & differends qui interviendront pour raison du Ban & Arriere-Ban ; Faisant neantmoins sa Majesté tres-expresses inhibitions & défenses aux Baillifs, Sénéschaux, Lieutenans & Officiers desdits Sieges, de prendre aucun salaire pour les expeditions & procedures qu'ils feront pour raison du Ban & Arriere-Ban, à peine de privation de leurs Charges, & d'estre declarez indignes d'exercer à l'avenir aucuns Offices.

## XIX.

Pourront les Greffiers prendre pour les Actes & Expeditions qu'ils feront pour le Ban & Arriere-Ban, semblables salaires qu'ils ont accoustumé de prendre pour les autres Expeditions qu'ils font pour les parties : comme aussi les Sergens qui seront employez pour les Executions & Exploits, auront semblables salaires qu'ils prennent lors qu'ils exploitent pour les parties, selon l'Ordonnance.

## XX.

Et pour favoriser davantage la Noblesse, & leur donner d'autant plus de moyen de rendre le service qu'ils doivent audit Ban & Arriere-Ban, sa Majesté a sursis & surseoit toutes les procedures qui pourroient estre faites à l'encontre d'eux en matiere Civile; Faisant tres-expresses inhibitions & défenses à tous Juges & Officiers, de faire aucune instruction, ny rendre aucun Jugement sur les procés qu'ils ont pendant pardevant eux, ny de donner aucunes contraintes par corps pour raison de leurs dettes ; & à tous Sergens & Huissiers d'en mettre aucune à execution, & cependant le temps qu'ils rendront le service audit Ban & Arriere-Ban, en rapportant toutesfois par eux aux Justices des lieux où seront pendans leurs procés, certificats signez des Baillifs, Sénechaux, Commissaires & Contrôlleurs ordonnez pour les Montres dudit Ban & Arriere-Ban, comme ils sont actuellement servans. DONNE' à Chantilly le trentiéme jour de Juillet mil six cens trente-cinq.

*Collatõné.*

# REGLEMENT

## SUR LA CONVOCATION
du Ban & Arriere-Ban, que le Roy veut estre faite en la presente année 1639.

## DE PAR LE ROY.

SA MAJESTE' ayant resolu la convocation du Ban & Arriere-Ban de son Royaume en la presente année mil six cens trente-neuf, & voulant faire sçavoir de bonne heure à tous ceux qui y sont sujets, en quelle maniere, & en quel temps elle veut que ladite convocation soit faite, elle a ordonné & ordonne ce qui ensuit.

### PREMIEREMENT.

Que tous Nobles & autres possedans Fiefs, se tiendront prests à marcher au premier jour du mois de Juin prochain en l'équipage qu'ils sont obligez selon la qualité & valeur de leurs Fiefs, pour se rendre en l'Armée où il leur sera

D

ordonné de servir : à la reserve de ceux qui avant le premier jour d'Avril auront pris charge dans les Troupes de sa Majesté, de Cavalerie ou Infanterie, & y rendront service actuel, ou qui seront enrôllez & actuellement servans en icelles. Sçavoir, quant à ceux dont les Fiefs seront de la valeur de neuf cens ou mille livres & au dessus, qui seront enrôllez dans les Compagnies de Gendarmes ou de Chevaux Legers : & les autres, dont les Fiefs seront de moindre valeur, qui seront enrôllez & actuellement servans dans les Compagnies de Carabins, de Mousquetaires à Cheval, ou dans l'Infanterie : Tous lesquels seront exempts du service de l'Arriere-Ban, en faisant apparoir de celuy qu'ils rendront actuellement dans les Troupes par Certificats des Capitaines de Gendarmes, quant à la Gendarmerie ; des Mestres de Camp de Cavalerie, ou des Capitaines des Compagnies qui ne sont sous corps de Regiment, quant aux Chevaux Legers & Mousquetaires à Cheval ; du Mestre de Camp general des Carabins, quant aux Carabins qui serviront dans l'armée où il sera, & des Intendans de la Justice dans les autres armées, & des Mestres de Camp d'Infanterie, quant aux gens de pied : chacun desdits Certificats signé desdits Chefs, scellé du Sceau de chaque corps, visé de l'Intendant de la Justice, Police & Finance en l'armée ou en la Province où ils serviront, & signé des Commissaires & Controlleurs ordonnez à la Police de la Troupe, ou qui en auront fait les premieres reveuës depuis l'arrivée d'icelle à son rendez-vous : à condition que tous ceux qui seront enrôllez serviront pendant six mois entiers & consecutifs en la Troupe où ils auront pris party, & qu'ils en rapporteront Certificat signé, scellé, & visé comme dessus, au Greffe du Bailliage ou Seneschaussée au ressort de laquelle leurs Fiefs seront situez : sans quoy ils ne pourront estre reputez avoir satisfait au service dudit Ban & Arriere-Ban, & seront punis par confiscation de leurs Fiefs, & privation de l'honneur de porter les armes, si ce n'est qu'ils soient contraints de quitter le service par une maladie rigoureuse, & qu'ensuite de ce ils ayent congé des Generaux d'armée, signé d'eux, scellé du cachet de leurs armes, contrefigné de leur Secretaire, & vifé des Intendans de la Juftice en icelle. Enjoignant aux Baillifs & Senefchaux qu'à faute de ce ils ayent à proceder contre eux fuivant la rigueur defdites Ordonnances, à peine d'en répondre en leur propre & privé nom.

I I.

Ceux qui feront enrôllez dans les Troupes feront tenus d'y retourner aprés leur guerifon, fi ce n'eft que ledit temps de fix mois foit expiré ; auquel cas, en faifant apparoir fuffifamment de la continuation de leur maladie, ils feront déchargez dudit fervice.

I I I.

Les Peres de qui les Enfans non mariez ferviront dans les Troupes, feront exempts du Ban & Arriere-Ban, à la charge toutefois qu'ils feront obligez de fervir en icelles tant qu'elles feront fur pied, à faute dequoy lefdits Peres demeureront fujets aux peines ordonnées contre les défaillans à l'Arriere-Ban.

I V.

Ceux qui ne feront enrôllez dans les Troupes avant ledit premier jour d'Avril, ne pourront y eftre admis aprés ledit temps, & feront tenus de marcher dans les Compagnies de l'Arriere-Ban armez, montez & équippez felon l'obligation de leurs Fiefs, à faute dequoy ils feront pourfuivis par les peines fufdites, de confifcation de leurs Fiefs, & privation de porter les armes. Et en cas qu'au prejudice de ce il fe commette quelque fraude ou abus aufdits Certificats & enrôllemens, les Commiffaires & Controlleurs qui les auront fignez en feront refponfables & feront punis comme fauffaires.

V.

La premiere Montre dudit Ban & Arriere-Ban fe fera fuivant le Reglement de fa Majefté du 30. jour de Juillet 1635. en chaque lieu principal de Bailliage ou Senefchauffée au 15.

du mois de May prochain, & les Officiers de longuë robbe
seront obligez d'y assister. Voulant sa Majesté que si pour cét
effet ils vont hors du lieu de leur domicile, ils soient payez
de leur vacation accoûtumée allans en commission pour
les affaires de sa Majesté, & ce des deniers de la contribution des inhabiles, & qui proviendront de la saisie des Fiefs
des défaillans. Ordonne sa Majesté aux Baillifs & Seneschaux, ou en leur absence ausdits Officiers de longue robbe qui se seront trouvez ausdites Montres, d'envoyer à sa
Majesté un extrait du rôlle qu'ils feront conformément audit Reglement incontinent aprés ladite Montre faite.

## V I.

Tous ceux qui se pretendront exempts du Ban & Arrière-
Ban feront apparoir de leurs titres en bonne forme à la
premiere convocation qui en sera faite, autrement ils n'y
seront plus receus quelques lettres qu'ils puissent obtenir à
cette fin : lesquelles sa Majesté ne veut en ce cas avoir lieu,
& les a dés à present comme pour lors declarées nulles &
de nul effet.

## V I I.

En chaque Compagnie de Chevaux-Legers il y aura un
Capitaine, un Cornette & un Mareschal des Logis, avec un
Commissaire à la conduite & un Contrôlleur ; le Baillif ou
Seneschal conduisant en ladite qualité de Capitaine la Compagnie de son ressort, ou s'il y a plusieurs Compagnies en
iceluy, celle qu'il voudra retenir. Quant aux Cornette &
Mareschal des Logis, le choix en sera fait par les Gentils-
hommes de chaque Bailliage ou Seneschaussée : Et pour les
Commissaires & Contrôlleurs, s'il n'y en a d'ordinaires dans
la Province, il en sera départy à cét effet par les Mareschaux
de France, quant aux Commissaires ; & par les Contrôlleurs
Generaux de la Cavalerie-Legere, quant aux Contrôlleurs :
desquels Officiers les appointemens seront payez pour chaque mois de Montre de trente jours pendant les trois mois
du service dudit Arriere-Ban, à raison de trois cens livres au

Capitaine,

Capitaine, sept-vingt dix livres au Cornette, six-vingt livres au Mareschal des Logis, quarante livres au Commissaire, & trente livres au Contrôlleur, des deniers de ladite contribution des inhabiles, & de la saisie des Fiefs.

## VIII.

Ordonne sa Majesté aux Gouverneurs de ses Provinces, ou en leur absence à ses Lieutenans Generaux en icelles, de donner route à toutes les Compagnies d'Arriere-Ban qui se feront en l'étenduë de leur pouvoir, & qui auront à y passer, par les meilleurs Villes & Bourgs : Et enjoint aux Maires, Consuls, Jurats, Eschevins & habitans de les recevoir, & de leur fournir les logemens gratuitement, qui seront faits par les Mareschaux des Logis des Compagnies avec les Officiers des Villes, ainsi qu'il se pratique ordinairement pour tous Gens de Guerre, & les vivres, en les payant au prix des trois derniers Marchez, sans que lesdits habitans les puissent aucunement encherir. A quoy lesdits Gouverneurs, & Lieutenans Generaux & Gouverneurs particuliers des Villes tiendront la main, & feront punir les contrevenans au present ordre comme desobeïssans. Comme aussi en cas que lesdits gens de l'Arriere-Ban exigent aucune autre chose que le couvert, & le lit chez leurs Hostes, ou d'aucuns autres habitans, ou qu'ils commettent aucun desordre, excés ou violence, ils seront punis selon la rigueur des Ordonnances contre tous Gens de Guerre.

## IX.

Enjoignant aux Capitaines desdites Compagnies de l'Arriere-Ban de marcher incessamment avec leurs Compagnies, & de mettre és mains de la Justice ceux qui commettroient quelque desordre, à peine d'en répondre en leur propre & privé nom.

## X.

Défend sa Majesté ausdits Capitaines de donner aucun

congé à leurs compagnons à peine de nullité. Et veut que
si aucun de ceux des Compagnies de l'Arriere-Ban est con-
traint par maladie d'abandonner le service, il ne puisse avoir
congé que du General de l'Armée où il devra servir , cer-
tifié de l'Intendant de la Justice, & signé du Commissaire
& Contrôlleur qui auront fait les reveuës de la Compagnie,
qui certifieront sur ledit congé le temps qu'il aura servy , &
l'équipage auquel il se sera presenté en l'Armée.

Au surplus ledit Reglement du 30. Juillet 1635. dont co-
pie sera cy-jointe, demeurera en sa force & vigueur: Voulant sa Majesté qu'il soit observé selon sa forme & teneur
en tous ses articles , ausquels n'est dérogé par le present.
DONNE' à Versailles le dix-septiéme jour de Janvier 1639.
Signé L O U I S; *Et plus bas,* SUBLET.

*Collaöné.*

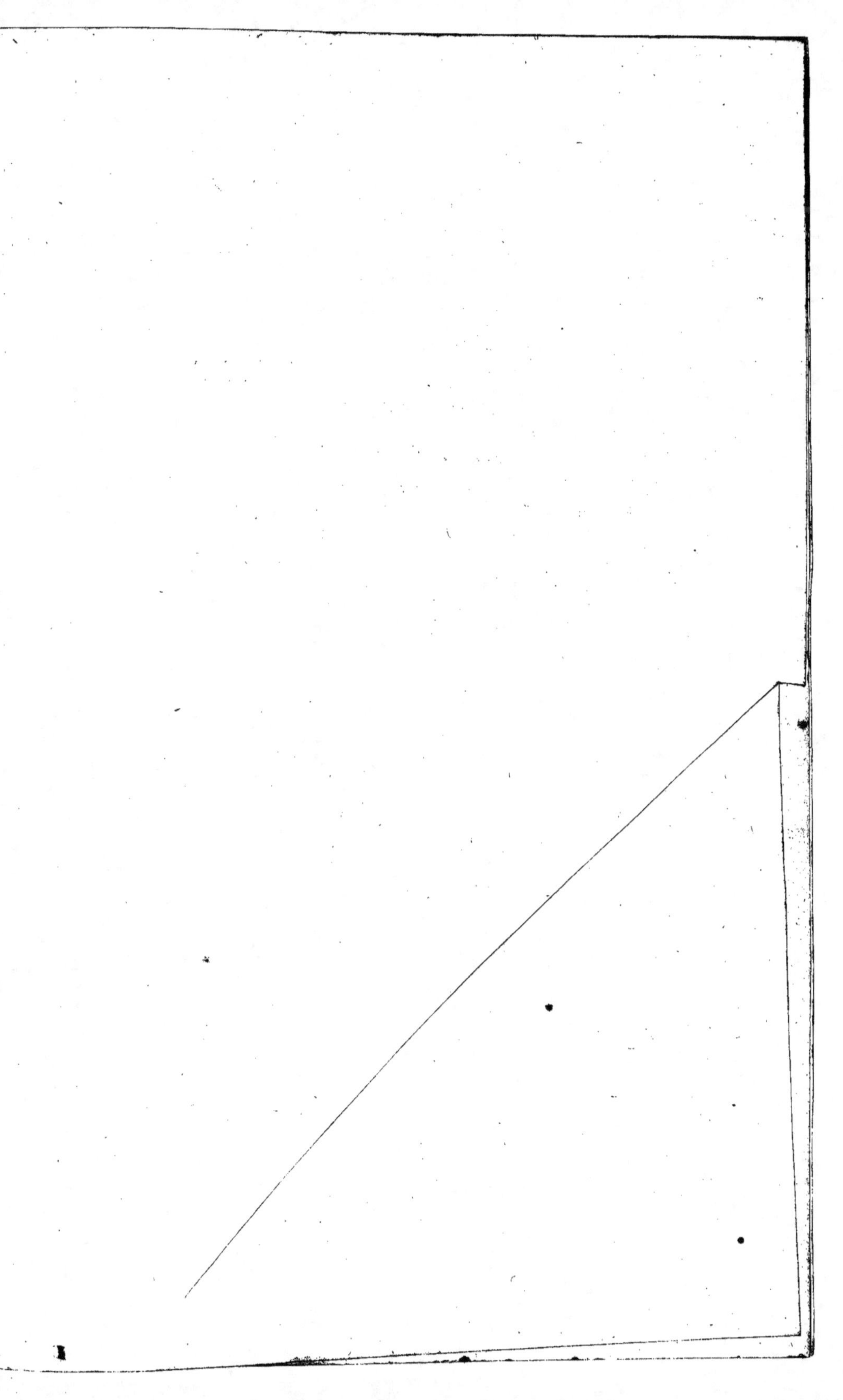